Élisabeth de Lambilly • Terk

La véritable histoire de Béatrice, sur les routes de l'exode en 1940

bayard jeunesse

À Béatrice, ma mère,
petite fille sur les routes de France,
septembre 1939 - juillet 1940

La véritable histoire de Béatrice a été écrite par Élisabeth de Lambilly
et illustrée par Terkel Risbjerg.
Illustrations pages 8, 15, 22, 41 : Nancy Peña.
Illustrations page 32 : Hugues Piolet, d'après les illustrations de Jean Restayn (Canada) pour MilitariaMagazine (éd. Histoire et Collections, Paris).
Photos pages 16-17 : ©Tallandier/Bridgeman images ; page 31 : domaine public ; page 33 : ©Tallandier/Bridgeman images ; pages 42-43 : ©Photo Josse/Leemage et domaine public (2).

Direction de collection : Pascale Bouchié.

18, rue Barbès, 92120 Montrouge
ISBN : 979-1-0363-1637-1
Dépôt légal : avril 2022

Loi n°49-956 du 16 juillet 1949 sur les publications destinées à la jeunesse.
Imprimé en France par Pollina s.a., 85400 Luçon - 42653.

CHAPITRE 1

iLS ARRiVENT !

Samedi 15 juin 1940

– Debout ! Et que ça saute !

Je grogne. C'est Georges ! Il sait bien que je déteste qu'on me réveille comme ça. Décidément, mon grand frère ne perd pas une occasion de m'embêter. Je plaque mon oreiller sur ma tête et rouspète :

– Laisse-moi, imbécile !

Mais Georges n'insiste pas comme il le fait d'habitude. Bizarre. Il me secoue doucement et, d'une drôle de voix, dit :

– Eh, lève-toi, ce n'est pas une blague. Faut se dépêcher, on doit partir. Les Boches* arrivent.

Ma gorge se serre soudain. D'un geste brusque, je repousse ma couverture en répétant :

– Les Boches…

Je me demande à quoi ils ressemblent. Il y a des gens qui racontent que ce sont des monstres. Depuis quelques semaines, je sais que la guerre a commencé pour de vrai. À l'école, le maître a parlé de la grande attaque lancée par les Allemands en ajoutant qu'il ne fallait pas s'inquiéter, que l'armée française était puissante, que la ligne Maginot** nous protégeait. « On les aura ! » m'a dit Papa quand il est parti rejoindre son régiment après sa dernière permission. Papa… sa dernière lettre date du 17 mai, il y a un mois…

Georges me tire par la main :

– Allez, grouille ! On t'attend en bas.

Je m'habille à la hâte, sans réfléchir, et j'enfile la robe à carreaux que je portais hier.

En arrivant dans la cuisine, j'aperçois Maman à genoux sur une valise. Elle essaye nerveusement de la fermer. Elle relève la tête et me sourit, mais je devine qu'elle a pleuré.

** Façon insultante de désigner les Allemands depuis la guerre de 1870.*

*** Ligne Maginot : voir page 8.*

– Béatrice, on ne peut pas rester. C'est trop dangereux. Tout le monde quitte Janvry*, excepté la vieille Jeanne. Elle dit qu'elle est trop âgée pour voyager et qu'elle ne craint pas les Allemands.

– Et Grand-père ?

– Il est en est train de fermer l'épicerie et de mettre ce qu'on peut à l'abri.

Sa voix tremble un peu. Elle parle vite. En me versant un bol de café, elle continue :

– Monsieur André propose de nous emmener dans sa voiture. On ne peut emporter que le minimum. Je t'ai pris un peu de linge. Mets des chaussettes dans tes sandales et prends un manteau, même s'il fait chaud. On va s'installer chez Tante Valentine à Limoges. Ne t'inquiète pas, tout ira bien.

Elle dit ça pour me rassurer : je sens bien que quelque chose de grave est en train de se passer.

Je remonte en vitesse dans ma chambre prendre mes chaussettes. Posé sur un tabouret près de mon lit, j'aperçois mon carnet, celui où j'aime écrire ce qui arrive dans ma vie. Je l'attrape. Pas question de le laisser là. Puis j'enveloppe

* *Janvry est une commune située à 35 kilomètres au sud de Paris.*

ma jolie poupée dans ma couverture et je la glisse sous mon lit, pour la mettre à l'abri.

Avant de fermer les volets, comme Maman me l'a demandé, je regarde la cour, le puits où on tire l'eau, le vieux tilleul… Et là, quand je vois mon chat, je m'affole. Je dégringole les escaliers, traverse la cuisine et cours auprès de lui. J'ouvre les bras en l'appelant :

– Passepartout, viens là, mon minou !

(suite page 9)

LES DÉBUTS DE LA GUERRE

Bien protégés ?

Dès 1929, pour que ne se reproduisent pas les horreurs de la Grande Guerre, les Français ont construit la ligne Maginot, des fortifications le long de la frontière avec l'Allemagne. Jugé imprenable, ce rempart de béton et d'acier doit empêcher une attaque surprise de l'armée allemande.

La course à la guerre

Depuis 1933, Hitler est au pouvoir en Allemagne. À la tête du parti nazi, il réarme son pays et cherche à étendre son territoire. En 1938, il annexe l'Autriche et une partie de la Tchécoslovaquie. Puis, le 1er septembre 1939, ses armées envahissent la Pologne. Aussitôt, le 3 septembre, l'Angleterre et la France, suivies de leurs alliés, lui déclarent la guerre. C'est le début d'un long et terrible conflit : la Seconde Guerre mondiale.

« Drôle de guerre »

La Pologne est écrasée en quatre semaines seulement. Les Français et leurs alliés décident de masser leurs armées derrière la ligne Maginot. Mais, là, rien ne se passe. L'armée allemande n'attaque pas. Les soldats français et anglais restent inactifs pendant de longs mois. On commence à se demander si la guerre aura lieu un jour. C'est ce qu'on a appelé « la drôle de guerre ».

La guerre « éclair »

Le 10 mai 1940, Hitler lance une vaste offensive. Soutenues par un grand nombre d'avions et de tanks, les panzers, ses armées passent par la Belgique neutre et évitent la ligne Maginot en traversant la forêt des Ardennes, réputée infranchissable. Le 13 mai, ils sont en France. En dépit de combats intensifs, les Français ne parviennent pas à arrêter les Allemands, qui se dirigent rapidement vers le sud. C'est la débâcle.

La douce boule de poils rousse se serre contre moi en ronronnant. Maman m'a rejointe.

– Béatrice… on ne peut pas l'emmener…

Alors, de grosses larmes que je ne peux pas retenir coulent sur mes joues. Je tremble malgré la chaleur. Je m'assieds par terre, en m'agrippant à mon chat. Maman tente de m'expliquer, mais je ne veux rien entendre.

Mon frère s'approche. Il met tendrement son bras autour de mes épaules.

– J'ai une idée : tu vas confier Passepartout à la vieille Jeanne. Elle en prendra soin et, comme ça, elle ne sera pas toute seule.

Il m'agace souvent, Georges, mais il sait toujours comment me consoler. Voyant que son idée me plaît, il me dit tout bas à l'oreille :

– T'inquiète pas, Béa. C'est un peu l'aventure, ce qui nous arrive, non ? T'aurais imaginé ça, toi ? On aura plein de choses à raconter à Papa. Parole de Phileas !

Phileas, comme Phileas Fogg, le héros de notre livre préféré, *Le tour du monde en 80 jours*, de Jules Verne. Je souris.

Ça y est. L'épicerie de mes parents est fermée. Le volet est baissé comme si on était dimanche. La voiture de Monsieur André est chargée. Il y a deux matelas attachés tant bien que mal sur le toit. Grand-père s'est installé devant. À ses pieds, il a calé un grand panier dans lequel il a mis de l'eau et des provisions. Maman a fini par fermer sa grande valise. En plus, elle a pris un volumineux baluchon de linge et des manteaux qu'elle a posés entre nous deux, sur la banquette arrière. Georges, lui, part à vélo. Il crâne un peu et fait le grand.

Quand on démarre, je me penche à la fenêtre pour regarder la maison une dernière fois. On passe lentement devant celle de la vieille Jeanne. Je lui fais un signe. J'aperçois Passepartout qui se chauffe au soleil sur une marche de son perron. Je n'arrive pas à pleurer. Grand-père a la tête baissée. Maman serre si fort ma main que mes doigts deviennent tout blanc.

CHAPiTRE 2

SUR LA ROUTE

– Pfff, midi et à peine 4 kilomètres…, peste Monsieur André à mi-voix.

C'est vrai qu'à ce train-là, je ne sais pas quand on va arriver chez Tante Valentine… La route n'est qu'un gigantesque embouteillage qui se prolonge à perte de vue.

Je ne pensais pas qu'il pouvait y avoir autant de monde au même endroit. Le soleil tape, je suis en sueur et mes cuisses collent à la banquette. Et puis, comme on ne roule pas, il n'y a pas un souffle d'air, même avec la fenêtre ouverte.

L'odeur de l'essence me donne mal au cœur. Il y a des voitures, des charrettes à cheval, des motocyclettes et des vélos tellement chargés que je me demande comment ils arrivent à rouler. Et puis, des piétons avec des poussettes ou des brouettes. La voiture s'arrête constamment, puis redémarre pour s'arrêter à nouveau quelques mètres plus loin. Pour ne pas perdre notre place dans la file, nous mangeons du pain et des œufs durs sans faire de pause.

Très vite, Georges en a marre de marcher à côté de son vélo. Il décide d'aller voir devant comment ça se passe. Maman ne peut rien faire pour le retenir. Depuis son départ, la file interminable s'est immobilisée. Monsieur André a coupé son moteur. Je me tourne vers Maman :

– Je peux sortir ?

– D'accord mais reste tout près.

Je ne veux pas te perdre des yeux.

Trop contente de me dégourdir les jambes, je bondis dehors. Mais aussitôt un homme m'interpelle, furieux :

– Avance, la p'tite ! Tu vois bien que tu gênes !

Et il me pousse sans ménagement. Je perds l'équilibre et tombe en avant. Je me relève avec difficulté. Autour de moi, les réfugiés à pied ou à vélo continuent d'avancer en se faufilant entre les véhicules à l'arrêt. J'ai la tête qui tourne. Soudain on m'attrape l'épaule.

– Eh bien, Mamz'elle, on se sent mal ?

C'est Georges ! Il a les joues aussi rouges que des tomates bien mûres.

– Tu ferais mieux de retourner dans la voiture.

Puis, se penchant vers Maman, il raconte en désordre :

– C'est la pagaille… J'ai cru que je n'allais pas pouvoir revenir en arrière. Y a partout des voitures en panne. Et puis, j'ai vu des soldats. Des soldats français. Certains étaient perdus. Y en avait des blessés…

– Des blessés ?

Mon cœur se serre. Je pense à Papa. Georges ne me répond pas. Il continue :

– Paraît même que les soldats allemands sont à Paris*.

**En effet, le 14 juin 1940, les soldats allemands sont entrés dans Paris.*

(suite page 18)

UNE FUITE MASSIVE

Premiers départs

Dès la déclaration de guerre, en septembre 1939, les habitants de l'Alsace et de la Moselle qui vivent à proximité de la ligne Maginot sont évacués. Dès le 4 septembre, près de 500 000 personnes partent vers le sud-ouest, en voiture ou par le train, selon un plan prévu par le gouvernement.

L'exode

L'avancée des troupes allemandes provoque une véritable panique.
À la suite des Belges et des Néerlandais, les habitants du nord de la France quittent tout et se précipitent sur les routes.
Cet immense mouvement de population est appelé « exode ». Unique en Europe au XXe siècle, c'est un épisode dramatique de l'histoire de France.

Tout se précipite

Dans les jours qui suivent le 10 mai 1940, les habitants du nord de la France fuient l'avancée allemande. Début juin, ceux de Paris et de sa région partent à leur tour en catastrophe. En quelques jours, la capitale se vide des trois quarts de sa population ! Sur les routes encombrées, c'est le chaos. Certains cherchent à rejoindre de la famille, d'autres simplement à fuir vers le sud, le plus loin possible de l'armée allemande.

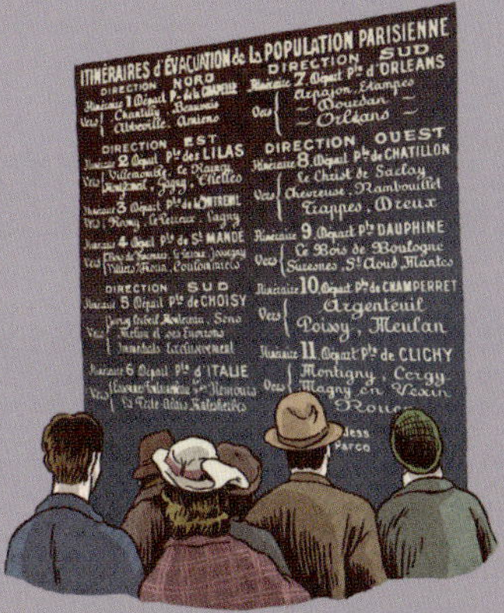

Une foule considérable

On pense que près de 10 millions de personnes vont se retrouver sur les routes (en comptant les Français mais aussi les Belges et les Néerlandais), dont plus d'un tiers sont des enfants. Il s'agit d'une immense partie de la population : en 1940, la France compte alors environ 40 millions d'habitants.

1

TOUT UN PAYS SUR LA ROUTE

Sans information, gagnés par la panique et par une peur irraisonnée des soldats allemands, les gens quittent leur village, leur maison et partent en catastrophe vers le sud.

1. Étranges chargements

Les plus riches partent en premier, en voiture. Les autres se débrouillent avec des charrettes, des poussettes ou des vélos. Dessus, on entasse tout ce qu'on peut. Des matelas, des couvertures mais aussi de la nourriture, des ustensiles de cuisine, des meubles et toutes sortes d'objets qu'on ne veut pas abandonner à l'ennemi.

2

3

2. En marche

Beaucoup sont à pied, les bicyclettes servent à porter les bagages plutôt que les gens. Les enfants sont mis à contribution pour pousser les carrioles ou porter des paquets. Malgré la chaleur, on prend les manteaux : on ne sait pas quand on reviendra. Certains n'hésitent pas à emmener leurs animaux de compagnie. Comme cette fille et son chien.

3. Panique en gare

Entre le 8 et le 14 juin, près de 200 convois de voyageurs partent de Paris. La cohue dans les gares est indescriptible. Il faut des dizaines d'heures d'attente avant de pouvoir monter dans un wagon. Les gens s'entassent dans les trains bondés. Certains s'installent même dans les filets à bagages !

Cette fois, c'est Grand-père qui intervient. Il est livide. D'un ton autoritaire, il lui dit :

– C'est bon, Georges. Tais-toi. Les Allemands à Paris, c'est impossible. Dans l'affolement, les gens disent souvent n'importe quoi.

Je devine que Georges est un peu vexé. Il était fier d'apporter une nouvelle pareille.

– Bon, je repars ! lance-t-il en enfourchant son vélo.

Mais je ne veux pas qu'il s'en aille. Je me penche par la fenêtre et hurle :

– Georges ! GEORGES !

En vain : il a déjà disparu… Les heures s'égrainent. Malgré la chaleur étouffante de la voiture, je m'y sens en sécurité. Je pose la tête contre Maman. Je m'endors.

La première chose que je fais quand je rouvre les yeux, c'est de m'inquiéter pour mon frère.

– Georges est revenu ?

Maman secoue la tête.

– Non, me répond-elle avec un sourire forcé.

Là, je n'hésite pas une seconde et m'apprête à ouvrir la portière.

– Je vais le chercher !

Maman m'attrape fermement l'épaule.

– Tu es folle ! Il n'en est pas question ! Tu restes ici. Et puis, on va bientôt s'arrêter pour la nuit.

– Mais… Georges… comment il va…

Grand-père se retourne vers moi. Il me sourit.

– Calme-toi, Béatrice. Il est débrouillard, ton frère, non ? Il a plus d'un tour dans son sac. On finira bien par se retrouver.

Je ravale mes larmes. C'est vrai que Georges est malin. Quand on joue, il trouve toujours une solution à nos problèmes. Comme Phileas Fogg quand il surmonte les embûches pendant son tour du monde.

CHAPiTRE 3

SiGNÉ PHiLEAS

Dimanche 16 juin 1940

Près de moi, maman dort encore, avec son manteau en guise de couverture. J'écris dans mon carnet. Comme ça, je n'oublierai rien quand je raconterai notre voyage à Papa. *On a passé la nuit dans la grange d'une ferme. Pour la première fois de ma vie j'ai dormi dans de la paille. Ça gratte un peu mais ça tient chaud. Heureusement, on a de la nourriture et de l'eau. Pas de nouvelles de Georges.*

DES ENFANTS DANS L'EXODE

Grandes vacances prolongées

Pour certains enfants, le début de la guerre ressemble à des vacances prolongées. En effet, à cette époque, les congés d'été s'étalent du 15 juillet au 30 septembre. À la déclaration de guerre du 3 septembre, certaines familles décident de rester sur leur lieu de vacances ou au moins d'y laisser les enfants.

Les petits Parisiens en danger

Au début du mois de septembre 1939, les enfants de Paris et de sa région sont évacués afin d'être mis hors de danger. Ils sont emmenés à la campagne, dans des lieux accueillant habituellement des colonies de vacances. Mais la drôle de guerre s'installe, et beaucoup de ces enfants reviendront dans leur famille avant de repartir en catastrophe quelques mois plus tard.

Perdus !

Dans le désordre de mai et de juin 1940, au milieu des trains surchargés et des routes bondées, les familles sont dispersées. Sur les murs des mairies des villages qu'elles traversent, des familles laissent des messages à la craie pour tenter de retrouver leurs proches. On pense qu'environ 90 000 enfants se perdent et restent seuls. Certains sont pris en charge par des convois militaires, d'autres par des familles généreuses, d'autres par l'assistance publique.

Avis de recherche

Après l'armistice du 22 juin 1940, les journaux, les magazines et la radio vont aider les familles éparpillées. Ils diffusent des avis de recherche et publient des petites annonces avec des photos d'enfants perdus. La Croix-Rouge mène également l'enquête. C'est parfois très compliqué, car les plus petits ne savent pas donner leur nom. Mais beaucoup vont parvenir à se retrouver, parfois après de longs mois de séparation.

– Béatrice ?

C'est Grand-père qui me tend un café au lait et une grosse tartine de pain que les fermiers ont apportés.

– Tiens, mange. On va s'en aller.

Mais, quand on est tous prêts à partir, impossible de démarrer. Monsieur André nous fait même descendre pour pousser la voiture. Rien n'y fait. Grand-père lui dit :

– Tu n'y es pour rien, André. On va continuer à pied. Faut qu'on arrive à passer la Loire. On sera en sécurité de l'autre côté. Les Allemands n'arriveront pas à la franchir.

Monsieur André acquiesce :

– D'accord, mais prenez les chemins…

Et, jetant un regard vers moi, il continue à voix basse, mais je l'entends quand même :

– … paraît que les avions allemands lancent des bombes… sur les routes… des morts…

On laisse des affaires à Monsieur André pour ne prendre qu'une seule valise, avec de l'eau et un sac de nourriture. Et on part. Grand-père nous fait rapidement quitter la grand-route. Sur ces petits chemins, il n'y a personne.

Le soleil brille, les oiseaux gazouillent. Sauf que, là, ce n'est pas une promenade. On marche sans s'arrêter et j'ai déjà mal aux pieds. Dans ma tête, tout se bouscule. Georges, Papa, et cette histoire d'avions et de bombes que je n'arrive pas à oublier. Grand-père est devant. Il a trouvé une branche solide pour en faire une canne. Je tiens la main de Maman, qui n'avance pas très vite à cause de la valise qu'elle porte. Quand elle sent que je traine un peu, elle entonne le refrain qu'on chante quand on se promène :

– Et allongeons la jambe, la jambe car la route est longue…
Alors, je chante aussi et ça me redonne un peu d'entrain. J'ai l'impression qu'on marche depuis des siècles. Je ne sens même plus mes pieds. Maman interpelle Grand-père :

– Béatrice n'en peut plus. Et moi aussi. Arrêtons-nous là.
D'un coup de menton, elle montre le village dont on longe les premières maisons.

– On trouvera bien de quoi manger et s'abriter pour la nuit.

Nous ne sommes pas les seuls : la place, devant la mairie, est noire de monde. Des gens épuisés et couverts de poussière, comme nous. À l'ombre d'un platane, un peu à l'écart, Maman pose la valise en disant :

– Asseyez-vous. Je vais chercher de l'eau et du pain.

Je m'installe contre Grand-père. J'enlève mes sandales et mes chaussettes. Mes pieds sont tout gonflés.

– Béatrice… Béatrice ?

Je relève la tête. Une fille de mon âge s'est approchée. Elle est décoiffée et sa robe est sale et déchirée. J'ai l'impression que je la connais… Mais oui, c'est Solange. Cette fille, je ne l'aime pas du tout. Elle est dans ma classe.

C'est une vraie peste. Toujours à se moquer des autres. Je bougonne :

– Solange ?

Elle éclate en sanglots. Entre deux hoquets, elle m'explique :

– Papa et maman… On était en voiture. On a été bombardés. On s'est tous jetés dans le fossé. Quand ça s'est arrêté, je ne les ai pas retrouvés…

D'abord, je n'ai pas envie de l'aider. Mais je me dis que ça aurait pu m'arriver, que Georges est seul lui aussi, comme elle. Alors, je lui souris. Grand-père lui donne ce

qui nous reste d'eau. Maman revient avec du pain dans les bras. Elle est furieuse :

– Quelle honte ! Un fermier fait payer l'eau. J'ai pu trouver des sardines et du pain. Ce sont les dernières miches. Même le boulanger est parti…

Je m'empresse de lui raconter l'histoire de Solange. Maman lui caresse la joue en soupirant :

– Pauvre petite.

Puis elle ajoute :

– Allez voir le curé et le maire, là, devant la mairie. Ils savent peut-être comment faire.

Les deux hommes ne savent plus où donner de la tête. Ils sont assaillis de toutes parts par des réfugiés qui se bousculent pour demander de quoi boire et manger, un endroit pour dormir, des vêtements… Certains se disputent violemment. Je prends la main de Solange :

– Viens, on va essayer de se faufiler.

Sur le mur, près de nous, les gens ont écrit des messages à la hâte. Ils donnent des adresses, des noms pour se retrouver. Et, là, mon cœur s'arrête de battre. Tracé hâtivement à la craie, il y a écrit :

15 juin. Béa suis passé par là. Phileas

Je crie :

– Georges ! C'est Georges !

Solange me regarde sans comprendre tandis que je ris et pleure à la fois. Il n'y a que lui qui peut signer avec ce nom. Il est vivant et sûrement devant !

CHAPiTRE 4

LA DÉROUTE

Lundi 17 juin 1940

– Les Allemands approchent !

– Dépêchez-vous !

Au milieu des cris, j'ouvre l'œil difficilement. J'ai mal dormi. Solange n'a pas cessé de pleurer dans son sommeil et le bruit des avions vrombissant dans le ciel m'a fait faire des cauchemars. Solange me tire pour que je me lève :

– Grouille-toi, on part.

Dans la salle de bal où on a dormi entassés, c'est l'affolement général. Des bébés hurlent. J'ai tellement d'ampoules que j'ai du mal à remettre mes sandales. Grand-père me parait soudain très vieux. Ses mains tremblent en rassemblant nos affaires. La guerre, les Allemands, il connaît. Il n'en parle pas beaucoup, mais je sais qu'il a été soldat dans les tranchées. Hier soir, une dame racontait qu'ils coupaient les bras et les oreilles et qu'ils enlevaient les enfants. Même si Grand-père a levé les yeux au ciel en disant que c'était n'importe quoi, j'ai peur et mes dents claquent comme des castagnettes. Solange essuie ses larmes d'un revers de main et met son bras sur mon épaule. C'est chouette qu'elle soit là. Quoi qu'il arrive, je suis sûre qu'on sera amies désormais.

Le soleil, la foule, la chaleur.

Emportés par le flot des réfugiés, on avance, sans réfléchir. J'ai les lèvres sèches et les yeux qui brûlent. La valise devient trop lourde, Maman la laisse près d'un buisson, ne prenant que ce qui nous reste à manger. Elle soutient Grand-père qui commence à fatiguer.

(suite page 34)

DEUX DISCOURS HISTORIQUES

17 juin
Discours du maréchal Pétain

Le 16 juin, le président Albert Lebrun fait appel à Philippe Pétain pour prendre la tête du gouvernement, qui s'est replié à Bordeaux. Âgé de 84 ans, le maréchal Pétain est un héros de la Première Guerre mondiale, il est très populaire. Aussitôt, il fait une demande d'armistice et le lendemain, le 17 juin à midi 20, il s'adresse aux Français à la radio.
« C'est le cœur serré que je vous dis aujourd'hui qu'il faut cesser le combat. Je me suis adressé cette nuit à l'adversaire pour lui demander de mettre un terme aux hostilités. »
Si certains éprouvent honte et colère, pour de nombreux Français, c'est un soulagement. Ils pensent à tort que la guerre est finie et qu'ils vont pouvoir rentrer chez eux.

18 juin
L'appel du général de Gaulle

Quand Charles de Gaulle, un officier français, apprend que Pétain s'apprête à demander l'armistice, il rejoint Londres. De là, il lance un appel à la radio anglaise, la BBC, le 18 juin à 17 heures.
« Moi, général de Gaulle, actuellement à Londres, j'invite les officiers et les soldats français (...), j'invite les ingénieurs et les ouvriers spécialistes des industries d'armement qui se trouvent en territoire britannique ou qui viendraient à s'y trouver, à se mettre en rapport avec moi. Quoi qu'il arrive, la flamme de la résistance française ne doit pas s'éteindre et ne s'éteindra pas. »
Dans la tourmente de la débâcle, bien peu entendent cet appel. Cependant, de Gaulle va se faire connaître et petit à petit des volontaires le rejoignent. Ils forment la France Libre, celle qui se bat et refuse la défaite. D'autres, restés en France, décident de s'opposer à l'occupation allemande. Ils s'organisent en réseaux qui composent la Résistance.

LA GUERRE ÉCLAIR

En 1939, l'armée française est l'une des meilleures du monde. Mais elle ne parvient pas à empêcher la défaite.

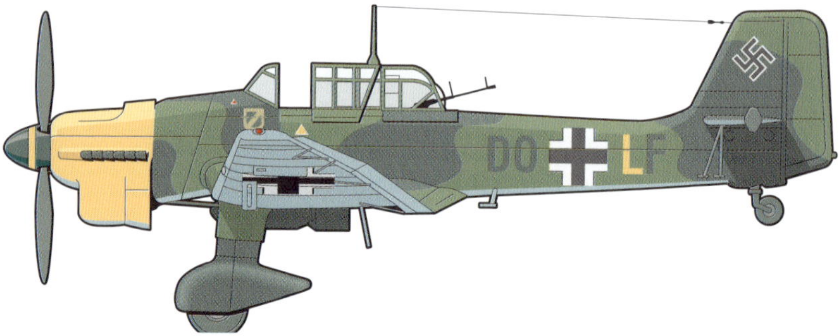

1

2

1. Le Junker JU 87 Stuka

Ces avions allemands bombardent les convois militaires et les routes pleines de réfugiés. Avec une sirène hurlante, ils tombent sur leur cible en piqué, comme des oiseaux de proie. Pendant l'exode, près de 100 000 personnes ont trouvé la mort lors de ces attaques.

2. Le Panzer II

Très mobile mais doté d'un blindage léger, ce char allemand est construit à partir de 1935. Ce qui fait sa force, c'est qu'il est regroupé en unité de combat : la *Panzerdivision*.

Une Panzerdivision, division blindée, pendant la percée de Sedan, en mai 1940.

3. Une erreur de stratégie

Hitler choisit une guerre rapide, la « guerre éclair ». Il s'agit d'ouvrir une brèche dans le front, grâce aux Panzerdivisions, appuyés par l'aviation. L'état-major français a imaginé la guerre comme en 1918. Désemparé par cette nouvelle forme de combat, il est incapable de faire face.

Une armée alliée puissante

Pour expliquer cet effondrement si rapide, Pétain a laissé entendre que l'armée française était mal préparée et qu'elle était inférieure. Ce n'est pas exact. Avec ses alliés, la France peut compter sur un nombre d'hommes comparable et dispose de davantage de chars.

Solange s'accroche à mon bras. Elle me fait promettre de bien regarder autour de nous. Pour ne pas rater ses parents, au cas où. Alors, j'écarquille les yeux autant que je peux, j'essaye aussi de repérer Georges.

Et puis, Papa est peut-être là, avec tous ces soldats français qui passent. Ils marchent les yeux hagards, l'air perdu. Sur le bord, il y a plein de voitures en panne, les portières grandes ouvertes, des vélos aux roues crevées qu'on a laissés par terre. Et là, un cheval mort. Je n'arrive pas à détacher mes yeux de la pauvre bête, couchée sur le flanc, les yeux encore ouverts et le ventre gonflé. Soudain, j'entends une grande clameur, de plus en plus forte :

– Des avions !

– Alerte !

– Couchez-vous !

Je n'ai pas le temps de réaliser ce qui arrive que Solange et moi sommes bousculées et emportées par le mouvement de la foule qui se rue dans les fossés. Solange crie, je plonge la tête la première. J'ai le temps de ressentir une vive douleur au front avant que tout devienne noir.

(suite page 36)

Quand je rouvre les yeux, c'est comme dans un rêve. Je suis allongée sur un lit dans une pièce fraîche, la tête posée sur un oreiller moelleux. Solange et Maman sont là, près de moi. Caressant mes cheveux, maman chuchote :

– Repose-toi, ma Béa.

– On est où ?

Devant mon air inquiet, elle m'explique :

– On a cru à un bombardement, mais c'était une fausse alerte. Ton front a heurté une pierre. Grâce à Solange, nous t'avons retrouvée. Tu saignais tellement qu'un homme a accepté de te prendre sur sa charrette. Nous étions à l'entrée de ce bourg et nous avons pu trouver le médecin. C'est chez lui que nous sommes.

À peine maman a-t-elle fini qu'un homme rentre dans la pièce. Au milieu de son visage rond, ses yeux brillent derrière ses lunettes.

Il me prend la main.

– Eh bien, jeune fille, ça va mieux, on dirait.

Puis l'air soudain préoccupé, il se penche vers Maman :

– Suivez-moi, Madame, c'est grave.

Maman se lève précipitamment et sort derrière lui.

Je lance un regard interrogateur à Solange. Elle bondit :

– Viens, on va voir.

J'oublie mon front douloureux et je la suis, le cœur battant. Dans la pièce d'à côté, le volume de la radio a été poussé à fond. Le docteur, Maman, Grand-père et quelques autres personnes que je ne connais pas sont là, debout, immobiles. Malgré les grésillements, j'entends distinctement :

« C'est le cœur serré que je vous dis aujourd'hui qu'il faut cesser le combat*. »

* *C'est par ces mots que le maréchal Pétain, nouveau chef du gouvernement, annonce qu'il a demandé l'armistice (voir page 31).*

Le docteur étouffe un cri de colère :

– Quelle honte !

Grand-père a sorti un mouchoir. Sur sa joue ridée, une larme coule doucement. Je découvre qu'un vieil homme comme lui, ça peut pleurer. Je lui prends la main.

Blême, Maman se laisse tomber sur une chaise.

– Au moins, ce cauchemar va s'arrêter.

J'ajoute :

– Et on va rentrer à la maison…

CHAPITRE 5

FIN DU VOYAGE

Mardi 18 juin 1940

Grâce à Solange, qui l'a ramassé quand je suis tombée, j'ai toujours mon carnet. J'essaye de me rappeler tous les détails de la journée d'hier et je m'applique pour écrire :

Le docteur nous a accueillis pour la nuit. On a même pu se laver ! Au dîner, on a mangé de la soupe et de la compote, c'était un festin. Le docteur dit que c'est dangereux de reprendre la route et qu'il y a des Allemands partout. Il va essayer de trouver un lieu pour qu'on s'installe quelques jours. Il va se renseigner pour savoir comment Solange peut retrouver ses parents.

Soudain, le sol se met à trembler et j'entends comme un grondement de tonnerre accompagné d'un étrange cliquetis. Je me précipite à la fenêtre. Derrière des motos et quelques voitures militaires qui passent rapidement, je vois une file interminable de chars. Dessus, des soldats armés et vêtus de gris. Je sors de la pièce comme un diable de sa boîte et cours sous la véranda. Je sais que Solange est dans le jardin. Je hurle :

– Solange ! Solange ! Les Boches ! Cache-toi ! Ils sont là !

Du haut des marches du perron, je les vois parfaitement. Mon cœur bat à tout rompre. Malgré la chair de poule qui parcourt mes bras et mes jambes, je reste immobile comme une statue, incapable de faire un mouvement. Un soldat m'aperçoit. Il me fait signe en souriant. Il crie en français :

– La guerre est finie !

Et un autre, grand comme un géant, jette une tablette de chocolat par-dessus la haie.

On me tire brutalement à l'intérieur. Solange est furieuse :

(suite page 44)

L'OCCUPATION

La signature de l'armistice

L'armistice est signé le 22 juin 1940, à Rethondes. Les conditions imposées par les Allemands sont très dures. La France est coupée en deux, avec une zone occupée au nord. Près de 2 millions de Français faits prisonniers sont emmenés en Allemagne. Le sud de la France (en vert) est considéré comme une « zone libre » jusqu'en novembre 1942.

Le régime de Vichy

Le 29 juin, le gouvernement s'installe à Vichy. Peu après, Pétain obtient les pleins pouvoirs et met fin à la IIIe République. Il fonde l'État français. Un régime autoritaire qui va sombrer dans une collaboration de plus en plus active avec l'Allemagne nazie. Dès octobre 1940, des lois contre les Juifs sont mises en place.

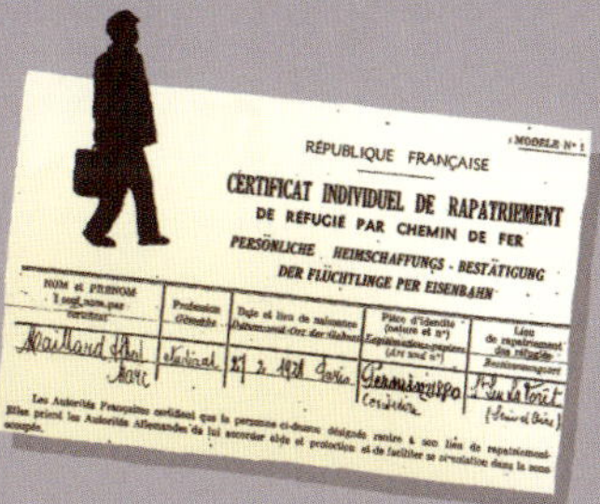

Demi-tour !

Après le discours de Pétain, la plupart des réfugiés n'attendent qu'une chose : rentrer chez eux. Mais de nombreux ponts, routes et voies de chemin de fer ont été détruits. Les réfugiés ne peuvent repartir sans un certificat de rapatriement et ont l'obligation de suivre un itinéraire précis. Certains choisissent cependant de ne pas rentrer et de rester en zone libre, là où la route de l'exode les a emmenés.

De plus en plus de violence

En plus des réquisitions de matériel et de matières premières, les nazis imposent la mise en place du STO (service du travail obligatoire) obligeant les jeunes hommes français à aller travailler en Allemagne. Ils pourchassent aussi les résistants et, avec l'aide du gouvernement de Vichy, arrêtent les Juifs avant de les déporter dans des camps d'extermination.

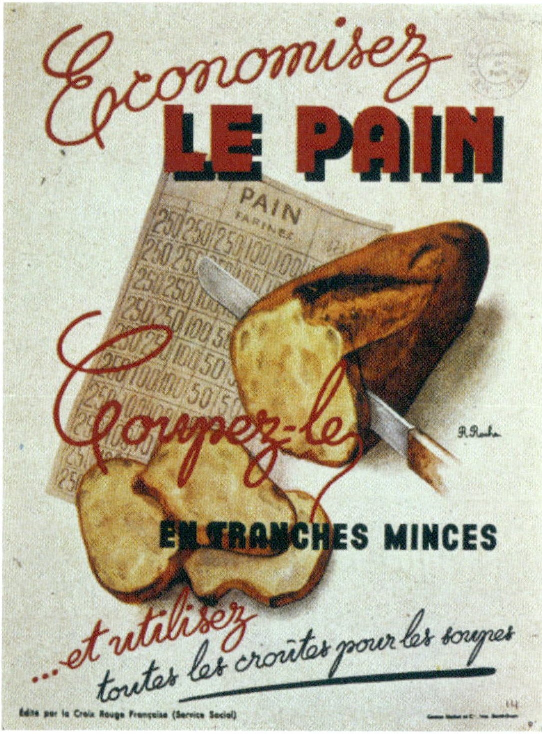

Les tickets de rationnement J3 étaient pour les jeunes de 13 à 21 ans.

Les tickets de rationnement J2 étaient pour les enfants de 6 à 12 ans.

1

AFFICHES DE GUERRE

Durant toute la guerre, des affiches sont utilisées pour rassurer les Français, donner des informations mais aussi pour faire de la propagande, c'est-à-dire influencer les idées et dicter des comportements.

1. Rationnement

Pour les Français de la zone occupée, un des principaux soucis est le manque de nourriture, qu'il faut donc économiser. Dès septembre 1940, il faut des tickets de rationnement pour acheter des produits de première nécessité. Un adulte a droit à 250 g de pain par jour, le lait est réservé aux enfants et aux personnes de plus de 70 ans.

2

3

2. Propagande pour rassurer

Placardée en juin 1940, cette affiche montre un soldat allemand souriant et protecteur. Les mots « populations abandonnées » font croire aux Français qu'ils n'ont pas été défendus ni par leur armée ni par leur gouvernement.

3. Propagande pour recruter

Rapidement, l'Allemagne a besoin de main-d'œuvre, tous les hommes en âge de travailler étant mobilisés dans l'armée. En 1942, les ouvriers français sont encouragés à partir travailler en Allemagne. Mais il y aura bien peu de volontaires et le STO, service du travail obligatoire, est créé en 1943 (voir p. 41).

– Non mais ça va pas ! T'es folle ou quoi ?

– Ils n'ont pas l'air si méchants…

– N'empêche, ce sont nos ennemis.

Je lui montre le chocolat, par terre, devant les marches du perron.

– Ils ont lancé ça…

– D'abord, c'est peut-être empoisonné… Et puis, moi, ça m'est égal. Je ne les regarderai jamais ! À partir de maintenant, dès que je verrai un soldat allemand, je tournerai le dos.

Elle est drôlement courageuse, Solange. Je décide de faire comme elle.

– Bonne idée ! Moi aussi, je promets de faire la même chose dès que j'en croiserai un.

Et puis, retournant vers la véranda, je lui dis :

– Viens, on va assister au défilé, mais… le dos tourné.

Pendant plusieurs heures, les Allemands passent ainsi devant la maison. Et rien n'y fait : Solange et moi, nous nous tenons sur le perron, tournées vers l'intérieur de la maison, malgré la chaleur et les fourmis dans les pieds.

Plus tard dans l'après-midi, quand le calme est revenu, Grand-père s'approche. Il me souffle à l'oreille :

– Bien joué, ma Béa !

Je suis fière. Je lui réponds tout bas que je ferai ça tant que nos ennemis seront là.

Ce que je ne sais pas encore, c'est que ça va durer quatre ans…

ÉPILOGUE

CARNET DE BÉATRICE

Mercredi 19 juin

Avec la permission de Maman, on a mangé le chocolat. Il n'était pas empoisonné.

Jeudi 20 juin

Aujourd'hui, nous repartons en sens inverse, par le train. Après tout, nous sommes entourés d'Allemands, Maman dit qu'il n'y a rien d'autre à faire. Solange est restée avec la Croix-Rouge, qui s'occupe des enfants perdus. C'est dur de la quitter. On s'est promis de s'écrire souvent.

Dimanche 23 juin

Enfin à la maison ! L'épicerie a été entièrement dévalisée. Je vois bien que c'est une catastrophe, mais maman dit que l'important, c'est que nous soyons chez nous et vivants. J'ai retrouvé ma poupée. Passepartout ne me quitte pas, comme s'il avait peur que je parte à nouveau.

Lundi 1er juillet

C'est le plus beau jour de ma vie : ce matin, il y avait une carte postale pour moi de la part de Phileas ! Georges a réussi à arriver chez Tante Valentine. Comme Limoges est en zone libre, il dit que c'est mieux qu'il y reste. Je suis tellement heureuse d'avoir de ses nouvelles !*

Mardi 30 juillet

C'est le deuxième plus beau jour de ma vie : Papa est revenu ! Quelle fête ! Maman a pleuré de joie, toute la journée, elle n'arrivait pas à s'arrêter.

Mercredi 25 septembre

J'ai reçu une lettre de Solange. Elle a enfin retrouvé ses parents. Ils sont chez des cousins en Bretagne. Elle n'a pas oublié notre promesse : elle se retourne toujours quand elle voit un soldat allemand…

* Zone libre : voir page 41.

LES ROMANS-DOC
HISTOIRE

DANS LA MÊME COLLECTION

PRÉHISTOIRE ET ANTIQUITÉ

Tana, l'enfant qui sculptait les menhirs

Yega, l'enfant de la préhistoire qui aimait les chevaux

Neferet, la petite Égyptienne qui sauva le trésor du Pharaon

Timée, qui rêvait de gagner aux Jeux olympiques

Bao-De, jeune Chinois sur la route de la Soie

Carantos, le jeune Gaulois qui survécut à Alésia

Titus, le jeune Romain gracié par l'empereur

Livia, qui vécut les dernières heures de Pompéi

MOYEN ÂGE

Thordis, la petite Viking qui partit à la découverte de l'Amérique

Romuald, otage à la cour de Charlemagne

Paulin, le petit paysan qui rêvait d'être chevalier

Bartholomé, le petit bâtisseur de cathédrales

RENAISSANCE ET TEMPS MODERNES

Blanche, apprentie dans l'atelier de Gutenberg

Sandro, apprenti de Léonard de Vinci

Diego, le jeune mousse de Christophe Colomb

Colin, serviteur d'Anne de Bretagne

Pierrot, serviteur à la cour de Louis XIV

Cléandre, jeune comédien de la troupe de Molière

Tom, qui embarqua sur un bateau pirate

Coumba, petite esclave au XVIIIe siècle

Margot, petite lingère pendant la Révolution française

XIXe SIÈCLE

Jules, jeune tambour dans l'armée de Napoléon

Tanomo, qui rêvait de devenir samouraï

Pauline, petite paysanne à l'école de Jules Ferry

Louise, petite ouvrière dans une mine de charbon

Arthur, petit immigrant à New York

XXe SIÈCLE

Jean-Corentin Carré, jeune soldat de la Première Guerre mondiale

Marcel, soldat pendant la Première Guerre mondiale

Jeanne, qui manifesta pour les droits des femmes

Jean, qui voulait devenir résistant

Myriam, enfant juive pendant la Seconde Guerre mondiale

Léon, qui vécut la Libération de Paris

Saïd, enfant pendant la guerre d'Algérie

Angela, qui manifesta au côté de Martin Luther King

Marianne, qui vécut la grève de 1968

Hoang, qui risqua sa vie en fuyant son pays

Magda, témoin de la chute du mur de Berlin

Jessica, qui vécut la libération de Mandela